DISSERTATION

SUR LA

NAISSANCE DE PIERRE L'HERMITE.

DISSERTATION

SUR LA NAISSANCE

DE

PIERRE L'HERMITE,

Par Léon Paulet,

Membre titulaire de la Société des Antiquaires de Picardie,
de l'Institut Historique de France,
des Sociétés Historiques et Littéraires d'Abbeville, Saint-Quentin,
Mons et Tournai.

NAMUR.

IMPRIMERIE DE J. ROUVROY, MARCHÉ DE L'ANGE.

1854.

A Messieurs J. GRANDGAGNAGE, Président à la Cour de Liége, Membre de l'Académie de Belgique, B. DU MORTIER, Membre de la Chambre des Représentants et de l'Académie de Belgique et Ch. DE THIER, Avocat à Liége.

MESSIEURS,

Je me disposais à envoyer à l'*Organe de Huy* une réponse à vos attaques, au sujet de la naissance de *Pierre l'Hermite,* publiées dans le *Bulletin Archéologique Liégeois,* dans l'*Organe de Huy,* et aux recherches de M. Du Mortier, insérées dans l'*Émancipation,* le *Journal de Bruxelles,* la *Gazette de Liége,* etc., quand je reçus l'invitation d'assister à l'inauguration de la statue en bronze que va, dans quelques jours, élever la ville d'Amiens à ce grand homme qui, suivant nos Picards, naquît dans son sein. Voulant que ma réponse paraisse avant la cérémonie et lui ayant, entraîné par le sujet, donné plus d'étendue que je le pensais, je préfère, pour ne pas mettre à contribution l'*Organe de Huy*, qui ne paraît que tous les dimanches, et ne pas fatiguer plus longtemps ses lecteurs, en faire une petite brochure que je vous envoie, Messieurs, sans aucun changement, sous la forme d'une *lettre familière* adressée à l'*Organe*.

Il était juste qu'après avoir entamé, bien qu'involontairement cette querelle historique, je ne me retirasse pas du combat. Vos plumes savantes, plus exercées que la mienne à ces sortes de luttes, ont su joindre l'élégance à l'érudition. Je n'ai pas cette prétention, quine conviendrait guère à ma faiblesse; je cherche la vérité et rien de plus. L'ai-je trouvée? Aux érudits à juger.

Quelque infime que soit mon nom dans cette lutte, je n'ai pas craint de l'y mèler. Je me suis rappelé ces sages paroles de Paul-Louis Courrier : « Publiez, « publiez; si votre pensée est bonne, on en profite; « si elle est mauvaise, on la corrige et on en profite « encore. »

Veuillez agréer, Messieurs, ma considération la plus distinguée.

LÉON PAULET.

Mons, 12 juin 1854.

DISSERTATION SUR LA NAISSANCE DE PIERRE L'HERMITE.

---

*A Monsieur le Rédacteur de l'*ORGANE DE HUY.

Je compte sur votre impartialité, Monsieur, pour vouloir bien insérer dans un de vos prochains numéros la lettre ci-jointe, en réponse à quelques attaques littéraires dont j'ai été l'objet dans plusieurs de vos numéros, notamment dans votre numéro du dimanche 19 mars 1854. Nous cherchons tous la vérité, Monsieur, veuillez nous aider dans nos recherches.

Je viens de connaître seulement ces articles par la note d'un travail sur *Pierre l'Hermite* publié récemment par l'honorable Monsieur J. Grandgagnage dans le Bulletin Archéologique liégeois et dans votre numéro du 4 de ce mois. Il remercie M. Charles De Thier du concours qu'il lui a donné « pour renverser tout « l'échafaudage d'arguments élevé par moi en faveur de la naissance de Pierre l'Hermite. »

Quoique les attaques dont j'ai été l'objet ne soient *que littéraires*, c'est-à-dire considérées par bien des gens comme des vétilles, je tiens à ne pas les laisser passer sous silence. Il est peu agréable d'être classé dans cette catégorie de voyageurs que Sterne appelle simplement menteurs, et qu'un des vôtres, Messieurs, appellerait volontiers d'un nom plus *énergique*, si de pareils mots pouvaient s'employer dans un article de fond de grand journal.

La question, du reste, a pris trop d'importance pour m'écarter du combat après avoir été le premier à l'entamer.

Ce n'est pas toutes roses que d'aimer la vérité.

Je n'ai pas compris, Monsieur le Rédacteur, que l'auteur des articles s'évertuât en gaîté, dans votre numéro du 2 avril, à propos d'un renseignement fourni aux antiquaires de Picardie par M. de Marsy, procureur impérial à Vervins; M. de Marsy s'est montré très-judicieux en nous faisant connaître un document inédit sur *Pierre l'Hermite*. Rien n'est à négliger quand on cherche le vrai : il n'est tel mauvais auteur qui ne puisse prouver pour l'esprit de son temps.

Les renseignements de Jean-Baptiste Boitel, quoiqu'en disent ces Messieurs, ne s'éloignent pas trop de la vérité. Les surnoms de *Petit-Pierre* et *Coucoupète* (1) que les Français et les Anglais ont donnés au célèbre prédicateur, ainsi que le peu que nous connaissons de *Pierre l'Hermite* ne sont pas favorables à sa beauté physique, nouvelle preuve en faveur de son génie, dans un siècle où la force était le droit et où la beauté avait un culte.

Rassurez-vous, Messieurs, ce n'est pas à l'*abdomen volumineux* de *Pierre l'Hermite* que nous érigeons une statue. Si l'on naît *affreux* sur le territoire d'Amiens, on se dédommage de ses imperfections physiques en comprenant noblement les nobles choses.

Quant à M. Hardouin, conseiller à la cour de cassation de Paris, dont la logique serrée et la vaste érudition prouvent que la patrie de Du Cange n'a pas dégénéré, son nom est assez connu dans les sciences historiques pour le mettre à l'abri des plaisanteries plus ou moins attiques qu'un de ses contradicteurs jette sur les antiquaires qu'il représente. Laissons ces plaisanteries aux écoliers : plaisanter n'est pas répondre.

L'honorable M. Grandgagnage aussi a une tendance à nous reprocher ce qu'il appelle notre légèreté. Ce reproche pourrait trouver son application ailleurs que sur les bords de la Seine.

Parler aussi de la lettre de votre numéro du 9 avril, signée

(1) *Cucupètre* ou *Cucupiètre*.

Pierre l'Hermite, serait *monotone* pour ne pas me servir d'une *expression plus énergique*, comme le dit l'élégant signataire de cette lettre. Je suis trop poli pour lui renvoyer ses traits à la manière des Parthes.

Il me semble que le nom de *Pierre l'Hermite* devrait être assez illustre pour le garantir de pareilles plaisanteries et que chercher ainsi sa naissance et se servir ainsi de son nom, ce n'est pas se montrer bien digne d'être son compatriote : on ne conquiert pas seulement un grand homme par le hasard de la naissance, on le conquiert par la reconnaissance, en attendant qu'on puisse le conquérir par l'histoire, et la société des Antiquaires de Picardie, dont vous vous moquez avec tant d'agrément, me semble plus que vous à la hauteur de sa mission. Croyez bien que si la statue de *Pierre l'Hermite* ne reluit pas encore au soleil sur une des places d'Amiens, ce n'est pas pour *donner à ses prétentions quelque fondement dans l'histoire*, mais tout bonnement parce que M. Forceville désire faire une œuvre qui soit digne de l'homme. (1)

J'ai le droit de parler ainsi, Messieurs; je me suis montré trop impartial pour ne pas avoir mes coudées franches en répondant à vos attaques. J'ai dit à la commission : « Soyez consciencieuse, « faites des recherches, laissez votre amour propre de côté; c'est « la vérité qu'il nous faut. »

Les recherches ont été faites et si le résultat n'est pas en votre faveur, ne vous en plaignez qu'au ciel de n'avoir pas fait naître *Pierre l'Hermite* sur les bords du Hoyou.

J'ai fait l'an dernier un pèlerinage archéologique dans votre belle et antique petite ville.

Après avoir visité sur le Hoyou les débris qui donnent encore à l'heure qu'il est à votre cité un cachet moyen-âge, que Liége

(1) L'inauguration du monument aura lieu le 29 du mois de juin.

perd tous les jours, je suis allé rendre visite à votre belle église primaire, à Saint-Pierre, votre vieille église romane, puis au *tombeau de Pierre l'Hermite.*

Ce pèlerinage me fut l'occasion de deux lettres familières à mon ami Garnier, bibliothécaire de la ville d'Amiens. La société des Antiquaires de Picardie trouva bon d'insérer ces lettres dans ses bulletins.

Ce sont ces lettres que MM. de Thier et Grandgagnage *réfutent,* ni plus ni moins que s'ils avaient affaire à Dom Mabillon et à Dom Luc d'*Achéry*, de Saint Quentin, en Picardie. Ces Messieurs honorent mes lettres des noms d'*article* et de *travail.* J'étais loin de m'attendre à tant d'honneur.

Aussi vais-je faire en sorte de me montrer digne de la bonne opinion que ces Messieurs ont eue de moi. Il ne faut pas que la reconnaissance laisse vieillir le bienfait.

Vous dites, Messieurs, que je n'ai trouvé ce que j'ai avancé que dans mon imagination, que je n'ai pas vu ce que j'ai vu, ni entendu ce que j'ai entendu. En un mot que pour avoir le plaisir de dire du nouveau j'ai inventé.

Voilà ce dont je dois me défendre *par respect pour la vérité,* comme vous le dites.

« M. Paulet, — dit M. de Thier, — aura probablement emporté » (ni plus ni moins que Gargantua les tant grosses cloches de Notre-Dame) « le petit ermitage avec lui pour en doter le cabi- « net archéologique des antiquaires de Picardie, » qui n'en a guère besoin, Messieurs, attendu que chez nous on conserve religieusement les débris des vieux âges et qu'une richesse de plus ne se verrait pas au milieu de tant d'autres.

M. Grandgagnage, à son tour, avant de revenir sur mes *choses risquées,* me met au défi de citer « quelqu'un connaissant l'ermi- « tage....... et l'historien racontant le temps de jeunesse que « Pierre l'Hermite serait venu passer loin de son pays dans cet « ermitage.

« M. Paulet, — dit M. de Thier, — glisse fort légèrement sur « la chronique de Bruges, pour arriver à la tradition locale qui « fait naître Pierre l'Hermite à Huy, tradition qu'un écrivain

« Français *est venu lui-même constater?* (1) Il déclare qu'il a « parcouru le pays et que personne ne lui en a parlé. Après « avoir découvert un ermitage, qui échappe à tous les regards, « nous nous expliquons parfaitement qu'il n'ait pas trouvé les « traces d'une tradition *qui sort de toutes les bouches.* »

Ceci dit, la guerre commence et M. Grandgagnage attend les vacances pour passer le Danube.

Ainsi donc, Messieurs, *aucune tradition* ne dit que *Pierre l'Hermite*, dégoûté du monde, vient se réfugier dans un ermitage situé aux environs de la ville de Huy..... *aucun historien* n'avance ce fait! Je l'ai inventé à plaisir, *ingénieusement*, comme vous le dites, pour détruire l'autorité du nécrologe de M. Grandgagnage.

Je ne vous dirai pas, Messieurs, interrogez les Hutois, que j'ai moi-même interrogés la semaine dernière et dans les réponses desquels j'ai trouvé la tradition orale aussi nette que si elle était un fait historique ayant sa date. Vous ne le voulez pas : *la tradition contraire sort de toutes les bouches! Aucun historien n'avance ce fait!*

Ouvrons donc, Messieurs, l'historien de la ville de Huy; il va se charger de répondre pour moi :

« Le vénérable *Pierre l'Hermite,* dégoûté du métier des armes « et ayant confié la tutelle de ses enfants à quelques amis, prit « les ordres sacrés et se retira pauvre et ignoré, dans une re- « traite qu'il s'était choisie au pays de Liége. Ainsi Ermite de « nom il le fut encore par la manière austère dont il vivait : Si- « lencieux et solitaire, la méditation des choses saintes l'occu- « pait nuit et jour.

« *Sacrarium Huense.*

« (L'auteur a écrit cette vie d'après les manuscrits de Neuf- « Moustier.) »

(1) Nous verrons comment M. d'Héricourt est venu lui-même constater la tradition locale, et comment ce n'est plus à Huy, d'après de nouvelles études, que la tradition fait naître *Pierre l'Hermite*, comme si une tradition orale pouvait se déplacer.

F. Corrissen (de Huy). *Histoire de la ville et du château de Huy.* Huy. Delhaise, 1839.

Qu'en dites-vous, Messieurs? en voici un et un Hutois encore! un professeur d'histoire au collége de Huy... *Il se retira pauvre et ignoré dans une retraite qu'il s'était choisie au pays de Liége...* et cela est écrit d'après les manuscrits de Neuf-Moustier, dont Pierre avait été prieur.

Et ne croyez pas, Messieurs, que ce soit *le seul historien* que je puisse citer. A cent lieues environ de Huy se trouve dans la bibliothèque publique d'Abbeville une compilation de divers manuscrits qui rapporte la même tradition.

N'allons pas si loin, Messieurs, ouvrez Gilles de Liége et vous y trouverez : *Ad partes Leodienses revertitur.* (1)

Encore un de vos compatriotes celui-là, Gilles de Liége.

Et cette tradition ne la voyez-vous pas entière dans Guibert de Nogent, qui a connu *Pierre l'Hermite* et qui le fait naître *nisi fallor* dans la ville d'Amiens, deux mots sur lesquels vous arguez et qui s'entendent très-bien de la ville d'Amiens... ou des environs, où *Pierre l'Hermite* avait été religieux. Guibert de Nogent, malgré son style poétique, est trop exact, trop instruit pour confondre le diocèse d'Amiens avec la Germanie inférieure.

Revenons à notre tradition. *Pierre l'Hermite,* esprit remuant et mobile, disparaît du diocèse d'Amiens. Guibert de Nogent le perd de vue et quand plus tard il a occasion de parler de lui : « *Pierre,* — dit-il, — originaire, si je ne me trompe, de la ville « d'Amiens... avait mené la vie d'ermite, *dans je ne sais quelle « partie de la Gaule supérieure,* d'où, étant parti, dans je ne sais « quelle intention, nous l'avons vu parcourir les villes et les vil- « lages pour la prédication. » (2)

Ceci m'explique très-bien pourquoi les premiers croisés furent des Belges et non pas des Picards.

(1) Je ne vois rien dans ces mots d'où l'on puisse conclure que Pierre était de Huy. Malgré M. du Mortier, *revenir au pays de Liége,* ne signifie pas *être né* au pays de Liége.

(2) M. du Mortier me permettra de prendre le texte de Guibert tel qu'il est, sans user des tortures de la ponctuation.

La partie de la Gaule supérieure, où Pierre l'Hermite avait mené la vie d'ermite, après son départ d'Amiens, fut, d'après la tradition, les environs de Huy. Ce fut effectivement dans ce pays que les premiers croisés s'assemblèrent et prirent la croix, excités par les prédications de l'ermite Picard. Si donc Pierre l'Hermite était parti des environs d'Amiens qu'il habitait, comment voulez-vous qu'il eut emmené des Liégeois?

M. de Thier demande qui aurait pu engager *Pierre l'Hermite* à venir passer ses jours dans un pays qui n'était pas le lieu de sa naissance? On comprend qu'en l'absence de documents intimes sur le fameux prédicateur, il ne me soit pas possible de répondre à une question qui n'est d'aucun poids dans cette discussion et qui dépend d'un autre ordre d'idées que celui que nous avons adopté, ne voulant baser nos raisonnements que sur des faits connus, des traditions et des écrits, et non sur des présomptions dont le vague pourrait nous égarer. *Pierre l'Hermite,* du reste, n'est pas le seul grand homme que l'on voit se plaire hors de son pays. Poussin préférait Rome à Paris. Il y est mort.

Voilà donc des historiens, Messieurs. J'en passe et des meilleurs.

Vous m'avez mis au défi de citer, je cite, non le Père d'Outreman que je n'ai jamais lu, mais vos historiens eux-mêmes.

Quant à moi, vous le savez, je ne suis pas antiquaire, je n'ai été que le *truchement* de la tradition; je l'ai recueillie dans votre ville même, non chez des savants, où j'aurais pu trouver de la partialité, car, comme le dit M. Grandgagnage : « on sait que les his« toriens sont un peu sujets à caresser le pays, la ville dont ils « racontent les faits. » Je l'ai recueillie dans le peuple même, chez quiconque avait connaissance de *Pierre l'Hermite*, et, quoique vous en disiez, Messieurs, la tradition orale est conforme à la tradition écrite.

Quant à l'ermitage, sur lequel vous voulez bien plaisanter avec autant de gentillesse, vous voyez bien que par induction logique il a existé, il existe. Je ne vous ai pas dit que j'avais *vu* cet ermitage, mais *qu'on le montrait encore dans le pays*. Les Hutois qui m'ont avancé ce fait m'ont-ils induit en erreur? Je ne le pense pas (1). Je suis revenu dans le pays exprès pour retrouver cet ermitage, et, je dois l'avouer, mes recherches n'ont pas été fructueuses et pourtant ce fait m'a été rapporté par des personnes de la bonne foi desquelles je ne puis douter et qui m'ont de nouveau répété qu'elles avaient toujours entendu dire que cet ermitage existait.

Peut-être un jour ou l'autre quelques *noms de lieux*, je ne veux pas dire de ceux pris à rebours, mais de ceux qui s'appuient sur une tradition quelconque, me mettront-ils sur la voie. En attendant je dois vous signaler, — sans y attacher plus d'importance que vous le voudrez, — une singularité que m'a fait rencontrer sur ma route la plaisanterie faite par Messieurs les Hutois. En cherchant l'*ermitage* voilà ce que j'ai trouvé. C'est que le plateau rocheux qui domine la citadelle s'appelle le *mont Picard* ou *montagne du Picard*. — (Je vous laisse le choix de l'appellation.)

N'est-ce pas bizarre, Messieurs? Ah! si j'étais M. du Mortier! Ah! si j'étais M. Grandgagnage! Je me rappelerais *Martin-rive, Bavo-rive, Embour* et les *Eburons* et mon ermitage serait trouvé.

Venons-en, Messieurs, à la tradition qui *sort de toutes les bouches* et que de nouveau je n'ai trouvée nulle part à l'état de tradition orale, ni chez les Hutois actuels, ni chez les Hutois des temps les plus anciens. J'ai consulté le peuple et la réponse que j'ai obtenue la voici : *Il est mort à Huy*, mais *il n'y est pas né*. Voici pour les Hutois modernes.

Quant aux Hutois des temps anciens, je vous prouverai dans quelques instants par les écrits de vos historiens mêmes qu'il n'ont jamais connu cette tradition.

Je n'ai pas craint de citer M. de Héricourt, tout en étant con-

(1) Si j'avais eu affaire à quelques-uns de vos compatriotes qui n'ont pas l'esprit matacrabolisé, je pourrais le croire. J'ai reçu il y a quelque temps de votre ville une lettre dans laquelle quelques joyeux plaisants me donnaient des renseignements à contre-poils et dans lesquels ces Messieurs ne se doutaient guère que je trouverais un fait si non important du moins curieux. Ces Messieurs me disaient que la grotte qui n'existe pas existait, que je devais la chercher *sur Picard* que *Pierre l'Hermite* avait habité. J'ai voulu savoir ce que c'était que *sur Picard*. Vous voyez bien que je ne me rebutte pas. En attendant *l'ermitage du Picard*, j'ai trouvé *la montagne du Picard*. Je remercie ces Messieurs et les engage à mieux choisir. Ah! si j'étais M. du Mortier!

vaincu qu'il confondait la naissance de *Pierre l'Hermite* avec ce temps de jeunesse passé au pays de Liége et qu'il n'avait pu trouver dans le pays une tradition orale qui n'existe pas..... en supposant même qu'il soit venu dans le pays.

Vous en êtes si bien convaincu, Messieurs, que vous battez des mains à la nouvelle découverte que vient de faire M. du Mortier et qui ressemble assez bien à l'étymologie de Paris trouvée par Gargantua. Ce n'est plus à Huy maintenant qu'est né *Pierre l'Hermite*, c'est à *Acher*, village du Condroz, et pourquoi, s'il vous plaît? parce qu'il s'appelait *Pierre d'Achéry!* Voyez, Messieurs, la merveilleuse découverte que vous venez de faire! Vous faites de *Pierre l'Hermite* un double Picard, car *Achéry* est un village de la Picardie, situé près de Laon. Et pour le trouver je n'ai pas eu besoin de changer *ène* ou *ele* en *ry*, j'ai tout bonnement ouvert le dictionnaire des communes de France. Le nom du savant Luc d'*Achéry*, né à Saint Quentin en Picardie, aurait dû vous servir de guide. (1)

Pour Dieu, Messieurs, ne dansons pas sur des aiguilles. Laissons *Aloianensi* dans lequel nous ne trouverons ni *Huy* ni *Amiens* et battons-nous sur un terrain plus uni. Le religieux d'Huissen vivait du reste 450 ans après *Pierre l'Hermite*, et puisque les contemporains *ne se taisent pas*, écoutons-les plutôt que des écrivains postérieurs qui ne peuvent être invoqués que d'une manière subsidiaire, par rapport à leur éloignement d'abord et n'ayant ensuite pu prendre communication des manuscrits de Neuf-Moustier.

Si j'ai passé rapidement sur la chronique du monastère Saint-André-lez-Bruges, par Arnold Gœthals, qui fait *Pierre l'Hermite indigène* de la Germanie inférieure, sans assigner à sa naissance plutôt la ville de Huy que toute autre localité, c'est qu'un ouvrage écrit vers 1500, et loin de Huy, a pour moi moins de poids que vos traditions et vos écrivains locaux.

La tradition sort de toutes les bouches. Pourquoi donc, Messieurs, avez-vous attendu aussi longtemps pour l'invoquer?

(1) J'ai vainement cherché dans le dictionnaire des communes de la Belgique le village d'*Acher*. J'ai trouvé *Achêne* et *Achele* (province de Namur) dans la direction de Bouillon.

Pourquoi donc tous les écrivains Belges ne s'en servent-ils que depuis l'article de M. Grandgagnage? Pourquoi donc M. Grandgagnage est-il obligé de s'appuyer sur un articulet de M. A. d'Héricourt (*encyclopédie moderne*), article Huy, pour connaître cette tradition? Pourquoi donc cet article, écrit à la légère, est-il pour vous d'un aussi grand secours, quand il vous eut été si facile de voir que l'auteur n'avait même pas consulté les deux historiens qu'il cite et qui tous deux font naître *Pierre l'Hermite* à Amiens, Melart et Corrissen que l'auteur appelle *Corrissa?*

Pourquoi donc la même *encyclopédie moderne*, article Amiens, fait-elle naître *Pierre l'Hermite* dans cette ville? D'où vient cette ubiquité si ce n'est d'un manque de critique dans la rédaction de ce livre?

La tradition sort de toutes les bouches. Pourquoi donc dans un de vos articles dites-vous :

« Les historiens modernes étaient unanimes pour placer à « Amiens le berceau du promoteur des croisades *On n'aurait « jamais songé à lui contester cet honneur*, lorsqu'il y a quelques « années, la découverte d'un ancien manuscrit *vint éveiller* quel- « ques doutes. »

Comment! *la tradition sort de toutes les bouches*, et il faut qu'un manuscrit vienne *éveiller quelques doutes!* Avouez, Messieurs, que voilà une tradition qui ressemble furieusement à la *Belle au bois dormant*.

Veuillez, Messieurs, consulter le peuple comme je viens de le faire, non pas en voyageur qui écrit des lettres *ad familiarem*, mais en homme qui a voulu se rendre compte de la vérité des choses, et vous verrez *que ce qui sort de toutes les bouches* est précisément le contraire de ce que vous avancez. Mettez de la bonne foi dans la discussion, Messieurs, vous qui m'accusez d'en manquer, et ne ressemblez pas à ces idoles de bois dont parle l'Ecriture, qui ont des yeux pour ne pas voir et des oreilles pour ne pas entendre.

En attendant, vous plaît-il d'ouvrir avec moi vos historiens, *consultés par M. d'Héricourt qui les cite?* M. Corrissen, par exemple : ouvrons le livre et nous trouverons à la page 9 :

« Le vénérable Pierre l'Hermite, né à Amiens dans le courant « de l'année 1053, descendait de la noble famille des Ermites que « l'on prétend être un rameau de l'illustre maison des comtes « d'Auvergne.

« F. Corrissen. *Histoire de la ville et du château de Huy. (Sa- « crarium Huense.)*

« L'auteur a écrit cette vie d'après les manuscrits de Neuf- « Moustier. »

Il est explicite, j'espère : *né à Amiens en 1053.*

Voulez-vous ouvrir votre autre historien, le naïf et judicieux Melart, *bourgmestre de Huy,* qui est assez remarquable pour avoir droit chez vous à des honneurs que vous réclamez pour les étrangers? Vous y lirez dans son vieux style si chaud et si pittoresque, p. 11 :

« Après le monastère des Croisiers, on voit du costé de la « Meuse, reluire et se pavaner l'abbaye de Neuf-Moustier, ainsi « appelé, à raison d'un plus ancien, qui avoit esté basti long-temps « devant en l'honneur de Sainct Blaise, fondée par *Pierre l'Er- « mitte,* gentilhomme Picard de la diocèse d'Amiens. » (1)

Laurent Melart, *Hist. de la ville et du château de Huy et de ses antiquités.*

Liége, Jean Tournay, M. D. C. X. L. I.

N'est-il pas désolant de voir vos propres historiens, qui eurent en mains les manuscrits de Neuf-Moustier, rendre hommage à la vérité et faire naître *Pierre l'Hermite* à Amiens... ou dans les environs? De voir Melart lui-même, qui se connaît en hommes remarquables, ne pas revendiquer pour sa ville le grand prédicateur, quand de nos jours encore, et 200 et quelques années après lui, la tradition que ce grand homme est né à Huy *sort de toutes les bouches?*

N'est-il pas désolant de voir un de vos poètes dont le nom se rencontre encore à Huy en tête de vos industriels, Godin, qui vivait il y a 250 ans, et qui plus est, si je ne me trompe, car avec

(1) Voilà le *nisi fallor d'Amiens*... ou *du diocèse d'Amiens,* ou, comme le dit Ségur, d'après les traditions : *Cucupiètre,* né aux environs d'Amiens.

vous, Messieurs, il faut faire ses réserves, était prêtre au Neuf-Moustier, écrire un huitain dont voici le premier vers :

Nasceris AMBIANIS, Petre, mundi, spretor inanis.

Ce vers aurait-il été écrit par un Hutois si la tradition *sortait de toutes les bouches.*

Décidément vos compatriotes ne tenaient pas à *Pierre l'Hermite.*

Je ne connais pas votre père Ambroise et je serais bien heureux de savoir s'il est pour les Guelfes ou les Gibelins.

Vos compatriotes ne sont pas les seuls, Messieurs; tous vos historiens Liégeois des XVIIe et XVIIIe siècles, qui ont été, en leur qualité de religieux, à même de consulter les manuscrits du Neuf-Moustier, font naître Pierre dans la Picardie.

Le père Bouille, par exemple : *Pierre l'Hermite, gentilhomme Picard et prêtre.* (*Hist. de la ville de Liége,* t. 1, p. 122.)

Les auteurs *des délices du pays de Liége. Pierre l'Hermite, prêtre Picard.*

M. le baron de Villenfagne, qui a visité l'abbaye de Neuf-Moustier en 1786, et qui a vu « dans la sacristie les restes du fa-« meux prédicateur, dans une caisse de bois très-mesquine et « qui n'avait pas été ouverte depuis 25 ans... » aurait-il écrit : « Il nous est en quelque façon permis de classer Godefroid de « Bouillon et Pierre l'Hermite parmi nos grands hommes, car si « l'un Godefroid est né dans le diocèse de Liége, l'autre y a fondé « un monastère et y est mort. »

M. de Villenfagne, qui a visité Neuf-Moustier en 1786, n'aurait-il donc pas eu connaissance et de la tradition orale et des manuscrits du Neuf-Moustier? Il faut convenir que le nécrologe de M. Grandgagnage a eu du malheur d'échapper ainsi à tous les regards des personnes les plus intéressées à le connaître.

Voulez-vous Chappeauville, un de vos plus érudits, celui-là? Vous avez vu dans ses annotations les vers de votre compatriote Godin.

J'en passe et des meilleurs, car la liste de vos auteurs nationaux qui font notre héros Picard devient un peu longue.

Vous me direz que ces auteurs rapportent cette naissance d'après les chroniqueurs. Je pourrais vous répondre que la plupart de ces auteurs ont eu en mains les manuscrits du Neuf-Moustier, qui tous ne sont pas perdus et dont quelques-uns doivent être dans la bibliothèque de Munich. J'aime autant examiner avec vous les chroniqueurs *qui se taisent*, avais-je dit dans ma lettre, d'après M. Grandgagnage, assertion que M. Hardouin m'a attribuée, qu'il a relevée vaillamment, et qui fut cause de la réponse de M. Grandgagnage.

Il y aurait vanité de répondre après M. Hardouin si ce dernier avait connaissance des articles de l'*Organe*, mais comme les numéros de votre journal ne lui sont sans doute pas parvenus, je passe sur cette vanité. Qu'importe d'où vient la vérité, pourvu qu'elle nous vienne. Ceci, au surplus, n'a pas la prétention d'être une œuvre de style. Ce sont de simples recherches et rien de plus.

M. Grandgagnage ne combat en aucune façon les réflexions de M. Hardouin relatives au passage de la chronique d'Albéric, moine du diocèse de Liége, qui dit : « *Un prêtre nommé Pierre, d'abord ermite, né dans la ville d'Amiens, située à l'occident dans le royaume des Francs.* » En supposant que le mot AMBIANIS (*Amiens*) ait été laissé en blanc par le chroniqueur, en attendant plus ample information, doit-il être remplacé par Huy? Est-ce que Huy est situé *dans le royaume des Francs?* Quant à la forme *située à l'occident* que M. du Mortier suppose gratuitement avoir été empruntée par un copiste à quelque chroniqueur oriental, elle s'entend parfaitement du royaume des Francs; elle équivaut à dire : *Amiens situé à l'occident du royaume des Francs.* (1)

(1) « Où est la preuve que le mot *Ambianis* se trouvait dans le texte de la chronique d'Albéric, » dit M. Grandgagnage? Je dirai à mon tour : « Où est la preuve qu'il ne s'y trouvait pas? » Il y a mille à parier contre un que le mot *Ambianis* a été remplacé par le mot *Amiens*, devenu d'un usage plus fréquent et *la patrie de Pierre* que vous supposez avoir été *laissée en blanc* par le chroniqueur, en attendant des renseignements exacts, aura été remplie, ces renseignements étant arrivés. Je cherche en vain quel motif aurait pu engager le chroniqueur à remplacer *Hoyensi* par la ville d'*Amiens* et je le comprends d'autant moins que le *blanc* que vous supposez laissé à dessein dans la chronique, me montre chez l'auteur un grand sentiment d'exactitude. Quant au co-

Est-ce qu'Albéric qui, dans sa chronique, suit pas à pas *Pierre l'Hermite,* qui revient si souvent sur les chevaliers de son pays, qui vivait de leur temps, qui demeurait dans le même diocèse que Huy, n'aurait pas su positivement si *Pierre l'Hermite* était de Huy? Le doute dans cette circonstance est une preuve contre Huy et le changement d'*Ambianis* en *Amiens*, au lieu de prouver contre l'infidélité du copiste prouve, à mon avis, en faveur de son esprit d'exactitude, puisqu'il n'a pas craint de substituer dans une chronique latine le mot latin qui n'était plus en usage le mot roman *Amiens*, pour mieux faire reconnaître la ville qu'il voulait désigner à ses lecteurs.

Quant au *nisi fallor* de Guibert de Nogent, s'il implique un doute ce n'est pas envers la Picardie, mais envers la ville d'Amiens. Pierre était prêtre du diocèse d'Amiens et demeura dans les environs. Le *nisi fallor* ne veut pas dire *sauf erreur*, mais se comprend à mon avis de l'incertitude où le chroniqueur se trouvait de savoir si Pierre était né à Amiens ou dans un village des environs, car tous les chroniqueurs sont d'accord pour faire *Pierre l'Hermite originaire du pays des Francs.* Jacques de Vitry lui-même, que vous invoquez contre nous et que M. Grandgagnage s'abstient de citer quand il le faut, ne dit-il pas :

« Le seigneur voyant l'affliction et l'humiliation de l'église
« d'Orient inspira à un homme pauvre et religieux, originaire
« du pays de France, qui menait une vie d'ermite dans l'évêché
« d'Amiens et que l'on appelait Pierre l'Hermite, le dessein de
« se rendre à Jérusalem. »

Originaire du pays de France! (2)

piste qui vient après et qui comble la lacune, aurait-il mis *Amiens*, je vous le demande, si tous ses prédécesseurs avait fait naître *Pierre* dans les environs de Liége? En mettant *Amiens* n'est-ce pas le dire général qu'il a reproduit? Citez-moi un seul chroniqueur qui dise : *Un certain prêtre ou ermite, nomme Pierre, originaire du pays de Liége* et vos prétentions auront quelque fondement, beaucoup plus de fondement que votre *natale solum* que vous grossissez de de jour en jour.

(2) L'objection de M. Grandgagnage qui appelle à son secours la chronique de Jacques de Vitry pour expliquer un passage de Guillaume de Tyr, et qui en tire la conséquence que *Pierre l'Hermite* pouvait être un religieux bénéficiaire de l'évêché d'Amiens, tombe d'elle-même.

Et cela écrit par un religieux, un cardinal, un savant, qui se trouvait dans le monastère même de *Pierre l'Hermite*, au Neuf-Moustier de Huy, environ cent ans après sa mort et dont le livre fut cause de la translation de ses cendres comme on peut le voir dans une note du manuscrit de Gilles d'Orval, attribuée à Maurice : « Comme le livre de maître Jacques, était parvenu « jusqu'à nous, dans lequel, ainsi que dans plusieurs autres, « nous lisions la vie de Pierre l'Hermite, nous avons délibéré « du consentement de notre abbé et du chapitre, de transporter « le corps de ce saint homme de l'endroit où il avait été autre-« fois déposé dans un lieu souterrain de notre église....... Ceci « s'est passé du temps de Robert, évêque de Liége, et par les « soins de Maurice, chanoine de Neuf-Moustier, le 17 novem-« bre 1242. »

Pourquoi donc Gilles de Liége ne fait-il pas mention de la naissance à Huy de Pierre l'Hermite? Pourquoi donc Maurice, chanoine de Neuf-Moustier, n'aurait-il pas consigné cette intéressante particularité ?

« Je vous envoie, — dit Gilles de Liége, à Maurice, auquel il « dédie son livre, — le volume des gestes des évêques de Liége, « en vous priant instamment d'y faire des corrections néces-« saires si vous y rencontrez des choses contraires à la vé-« rité. »

Maurice n'aurait-il pas manqué de réparer l'oubli de son ami, et le judicieux Chapeauville, qui a pu connaître les manuscrits

Si Guillaume de Tyr dit : *un prêtre du royaume des Francs, du diocèse d'Amiens;* Jacques de Vitry qui, lui, ne vivait pas *beaucoup trop loin du pays de Liége,* puisqu'il avait été chanoine près de Nivelles, dit explicitement : *originaire du Pays des Francs.*

« Avant d'apparaître sur la scène du monde, quel était cet homme?— de-« mande M. de Thier. — D'où venait-il? Quelle était son origine? Deman-« dez aux historiens de l'époque et pas un ne vous répondra. »

Voilà les phrases desquelles M. Grandgagnage loue M. de Thier d'avoir soutenu, confirmé et fortifié son opinion. En vérité les bras m'en tombent. *Demandez aux historiens de l'époque et pas un ne vous répondra.* Et je vous dis moi que pas un des historiens de l'époque ne fera sortir *Pierre l'Hermite* d'autre part que du diocèse d'Amiens. Je les ai interrogés tous : tous m'ont répondu. Soyez plus adroit dans les défis que vous portez et n'avancez pas à la légère dans des *articles* sérieux de ces allégations que vous ne permettez pas à un voyageur d'avancer en passant dans des lettres familières.

de Neuf-Moustier, aurait-il rapporté en annotations les vers de Godin ?

Eh quoi, Messieurs, les chroniqueurs, les annalistes, les historiens, les commentateurs : Albéric, Guibert, de Nogent, Guillaume de Tyr, Jacques de Vitry, Gilles de Liége, Godwin, Paul Emile, Bongars, Chapeauville, Pistor, Gilles Boucher, Melart, Bouille, Corrissen ne vous suffisent pas? Il faut que vous vous appuyiez sur un mauvais texte d'Ordéric Vital, qui ne prouve rien en votre faveur, et que vous fassiez une querelle de mots au religieux d'Huissen.

Il faut, pour en venir à vos fins, que vous invoquiez une tradition qui n'existe que pour vous seuls et de laquelle (pour lui donner quelque crédit) il vous faut rapprocher le texte vague d'un historien qui vivait loin de votre pays, 400 ans après la mort de *Pierre l'Hermite* et qui fait naître le grand prédicateur dans la Germanie inférieure et qui a pu, aussi bien que M. d'Héricourt, confondre le lieu de sa naissance avec le lieu de sa mort, ou même le temps de sa jeunesse qu'il passa au pays Liégeois.

Pourquoi voulez-vous donc que Gœthals, auteur de la chronique Saint André, soit plus instruit sur la naissance de *Pierre l'Hermite* que ses contemporains et tous vos auteurs locaux des XVIe XVIIe et XVIIIe siècles qui ont eu en mains les manuscrits de Neuf-Moustier.

Vous voulez que les chroniques qui vécurent dans des contrées différentes et qui tous lui donnent une origine Franke et Picarde se soient trompés; que ceux qui vécurent quelques années et un siècle après lui se soient trompés; que les judicieux écrivains qui ont eu en mains les manuscrits de Neuf-Moustier se soient trompés; que vos auteurs locaux, qui connaissaient les traditions, se soient trompés et que votre religieux de Bruges qui vivait en 1500 ait seul raison contre tant d'autorités. C'est pousser loin la nationalité et si vous parvenez à renverser toutes ces preuves *parlantes* vous n'aurez pas accompli une petite affaire.

Vous avez un nécrologe, mais d'où vient que ce nécrologe a échappé jusqu'à ce jour à tous les regards et qu'il sort tout à coup de vos mains comme Minerve du cerveau de Jupiter? Quel est votre religieux? quelle autorité a-t-il? où est sa garantie de bonne foi? Prouvez-moi que par des écrits antérieurs il connaissait le grand prédicateur? D'où vient donc que dans cet acte de décès il n'indique ni lieu de naissance, ni âge, choses qu'il lui aurait été si facile de vérifier si Pierre l'Hermite était né à Huy? Chose qu'il n'aurait pas manqué de faire pour rehausser la gloire de son monastère?

Un fait est à remarquer dans la translation des restes de Pierre l'Hermite en 1242.

Suivant le nécrologe de M. Grandgagnage, « le corps de Pierre « l'Hermite est encore entier au bout de 125 ans. On retrouve « *sa tête avec la tonsure cléricale à la manière des moines. Les* « *cheveux blancs et crépus abondamment répandus autour de la* « *couronne. Un cilice, qui nous a paru tissu de poils de chameau,* « *enveloppe ses reins. On place dans sa tombe, d'après l'usage an-* « *tique, un calice de plomb plein de vin pur, en signe de sacerdoce.* »

Voilà donc, d'après votre nécrologe, le corps de *Pierre l'Hermite* entier 125 ans après sa mort. Non-seulement le corps est entier, mais les cheveux blancs et crépus sont encore répandus autour de la couronne, mais le cilice tissu de poils de chameau existe encore.

Maurice, par les soins duquel eut lieu cette inhumation, est beaucoup plus simple dans son récit, rapporté en marge de la chronique de Gilles de Liége. Il ne retrouve pas le corps en entier, ni le tissu de poils de chameau, mais quelques restes, *des reliques* qui furent honorablement renfermées *dans un petit coffret*.

Il y a loin de là à la pompe déclamatoire de votre nécrologe. Vous voyez donc bien que vous avez tort d'attribuer la rédaction de la cérémonie d'inhumation à Maurice lui-même. Si la note de Gilles de Liége était, comme vous le dites, un extrait de votre nécrologe, sortant de la même main, il n'y aurait pas une contradiction aussi manifeste : d'un côté *un corps entier* qui a besoin d'un cercueil et de l'autre quelques *reliques* qui n'ont besoin que d'un *petit coffret*.

Quant à l'inhumation de 1342, de laquelle parte le jésuite

Fisen, dans ses *Flores Eccles. Leod*, où l'on retrouve encore Pierre l'Hermite tout entier, mais cette fois avec une longue barbe, comme aucun écrivain n'en parle et que son exagération même lui nuit, vous me permettrez de la passer sous silence.

Voilà donc, Messieurs, vos preuves pour renverser notre échafaudage :

1° Un nom de commune défiguré, tandis que nous avons en Picardie le nom entier *Achery*.

2° Une tradition que j'invoque contre vous, qui existe dans un sens contraire à celui que vous lui donnez, comme je le prouve par vos historiens eux-mêmes et qui n'est rapportée que par un historien moderne qui n'a pas lu vos historiens locaux, qui peut avoir confondu la naissance de *Pierre l'Hermite* avec sa mort ou avec le temps de jeunesse qu'il a passé dans le pays liégeois et qui pourrait bien, — comme j'ai tout lieu de le croire, — avoir puisé cette tradition non à Huy, où il paraît n'être jamais allé, mais dans les écrivains Belges qui ,depuis la Notice de M. Grandgagnage, font naître Pierre l'Hermite à Huy. (1)

3° La chronique Saint-André, de Bruges, dont l'auteur écrivait 365 ou 380 ans après *Pierre l'Hermite* et qui fait de ce grand prédicateur un *saint ermite, indigène de la Germanie inférieure*, fait qui n'a de corollaire ni chez les contemporains de Pierre, ni chez les écrivains postérieurs et que votre moine a puisé on ne sait où.

4° Et le fameux nécrologe qui a, pendant 720 ans, échappé à tous les regards de ceux les plus intéressés à le connaître et où

(1) M. A. d'Héricourt — (*Encyclopédie moderne*), article Huy, Paris; Firmin Didot, 1850; — n'a pas ouvert les deux historiens de Huy qu'il cite en estropiant le nom de l'un d'eux, sans quoi il eût pu lire dans ces auteurs le contraire de ce qu'il avance. Son petit article n'est tout bonnement qu'une compilation, extraite des historiens Belges, qui ont écrit depuis 1835, et qui se sont prévalus de la prétendue découverte de M. Grandgagnage pour faire naître *Pierre l'Hermite* dans les environs de Huy. M. Grandgagnage, qui a publié pour la première fois sa découverte dans l'année 1835, en s'appuyant *sur la tradition locale, attestée même par un auteur Français*, se cite donc lui-même à un intervalle de 19 ans, puisque l'article Huy, de l'*Encyclopédie, publié en* 1850, n'est évidemment que le résultat de lectures faites dans les historiens Belges qui ont écrit dans cet intervalle. Avant 1835 aucun auteur n'a rapporté cette tradition qui *sort de toutes les bouches*, même Villenfagne qui n'eût pas demandé mieux que de la connaître en 1817.

vous trouvez deux simples mots *natale solum*, dont le sens est douteux, et desquels vous arguez pour faire un procès à l'histoire. (1)

Voilà vos titres *parlants* et assez *haut parlants*. (2)

Je laisse, Messieurs, le public archéologique juge entre vous et nous; entre temps permettez-moi, Messieurs, de vous donner un conseil, à vous qui nous en donnez tant. En attendant de nouvelles découvertes, laissez-nous témoigner au promoteur des croisades notre reconnaissance; s'il est fils de votre cité, montrez-vous en dignes; élevez-lui un tombeau respectable, vous qui n'avez pas *osé recueillir* ses reliques. (3) Ce n'est pas de trop que deux monuments pour un grand homme.

Défendez Godefroid de Bouillon que les Français veulent vous prendre; Charlemagne que les Allemands veulent vous ravir, et si vous avez les fonds nécessaires à élever une statue de bronze, n'avez-vous pas les restes de Notger, qui attendent — *nisi fallor* — dans un grenier de l'église Saint Jean à Liége, qu'il plaise à votre indifférence de songer enfin à lui? Voilà un grand homme que personne ne songe à vous ravir! Un homme de haute futaie, celui-là! un grand législateur! Allons, Messieurs, à l'œuvre; élevez-lui sur une de vos places publiques une statue de bronze; vous devez être fiers de ce héros; ne laissez pas ses cendres dormir plus longtemps dans un misérable recoin et comptez-moi, Messieurs, au nombre de vos souscripteurs, quand il vous plaira de sortir de

(1) Vous avouez vous-mêmes que votre nécrologe est *plein d'annotations*, que le copiste *fit faire des additions et des changements qui pouvaient s'accommoder à ses convenances*. Que le manuscrit est écrit à l'encre rouge, mais qu'il y a des lignes *superposées à l'encre noire*, même à propos des dates; que les marges de votre manuscrit *sont chargées de notes*, etc., etc. Il me semble qu'avec un pareil manuscrit vous vous montrez bien sévère envers le copiste d'Albéric.

(2) « *Natale solum*, — dites-vous, — ce mot doit nous suffire, comme il a « servi à tous les historiens pour fixer le lieu de naissance de Charlemagne. » Où donc, Messieurs, trouvez-vous *tous* vos historiens et que fait l'Académie de Belgique — dont vous êtes Membres, Messieurs, — elle qui vient tout récemment d'offrir un prix superbe à l'auteur qui pourra lui faire connaître la patrie de Charlemagne?

(3) Villenfagne.

votre indifférence. « Liégeois ou Picards, nous sommes tous des hommes. »

Mons, 12 juin 1854.

FIN.

www.ingramcontent.com/pod-product-compliance
Ingram Content Group UK Ltd.
Pitfield, Milton Keynes, MK11 3LW, UK
UKHW020538230726
13925UKWH00006B/2360

9 782014 051728